BEI GRIN MACHT SICH IHR WISSEN BEZAHLT

- Wir veröffentlichen Ihre Hausarbeit, Bachelor- und Masterarbeit

- Ihr eigenes eBook und Buch - weltweit in allen wichtigen Shops

- Verdienen Sie an jedem Verkauf

Jetzt bei www.GRIN.com hochladen und kostenlos publizieren

Lea Lorena Jerns

L-M4: Bildungssysteme und Bildungsentwicklung in Deutschland (Kolloquium)

Klausurvorbereitung in Stichpunkten

GRIN Verlag

Bibliografische Information der Deutschen Nationalbibliothek:

Die Deutsche Bibliothek verzeichnet diese Publikation in der Deutschen National-
bibliografie; detaillierte bibliografische Daten sind im Internet über http://dnb.d-
nb.de/ abrufbar.

Impressum:

Copyright © 2014 GRIN Verlag GmbH
Druck und Bindung: Books on Demand GmbH, Norderstedt Germany
ISBN: 978-3-656-72996-9

Dieses Buch bei GRIN:

http://www.grin.com/de/e-book/279215/l-m4-bildungssysteme-und-bildungsentwick-
lung-in-deutschland-kolloquium

L-M4: Bildungssysteme und Bildungsentwicklung in Deutschland (Kolloquium)

1. Bildungs-Monitoring

1. Definition:

Die KMK hat im Juni 2006 das Bildungs-Monitoring ins Leben gerufen. Ziel des Bildungs-Monitoring ist es, auf systematische und wissenschaftliche Art und Weise das Bildungssystem in Deutschland auf seinen Erfolg hin zu überprüfen. Dabei sollen mögliche Defizite im System erkannt und gezielt (innerhalb und außerhalb von Institutionen) behoben werden.

2. KMK – Elemente der Gesamtstrategie des Bildungs-Monitoring

- internationale Schulleistungsuntersuchungen (PISA, IGLU)
- Entwicklung von Bildungsstandards und ihre Evaluation im Ländervergleich (IQB)
- landesweite Überprüfung der Leistungsfähigkeit der Schulen durch Vergleichsarbeiten
- gemeinsame Bildungsberichterstattung von Bund und Ländern (nationaler Bildungsbericht)

2. Gesellschaftliche Rahmenbedingungen der Bildungsentwicklung: Demographie, Familie, Wirtschaft

1. Was ist Demographie?

- Volumenperspektive (z.B.: der Umfang der Bevölkerung)
- Generationenperspektive (z.B.: Altersstruktur)
- Strukturbetrachtung (Zusammensetzung der Bevölkerung)
- Raumperspektive (z.B.: Wanderungsbewegungen)
- Institutionsperspektive (Was bedeutet die demographische Entwicklung für gesellschaftliche Institutionen oder Politikfelder)
- Lebensverlaufsperspektive (einzelne Lebenszyklen)

2. Gesellschaftliche Megatrends

- Strukturwandel der Wirtschaftsgesellschaft und der Erwerbsarbeit (Dienstleistungs- und Wissensgesellschaft)
- demographischer Wandel
- Wandel der Familien und Lebensform
- Internationalisierung und Globalisierung

- Strukturwandel der Bildungsbeteiligung durch Höherqualifizierung
- technologischer Wandel (Digitalisierung) und seine gesellschaftlichen Auswirkungen
- Wertewandel und Individualisierung

3. Demographischer Wandel

- Bevölkerungsumfang nimmt ab
- Rückläufige Geburtenzahlen, Nachwuchs wird immer weniger
- Altersstruktur verändert sich
- längere Lebenserwartung
- soziale Zusammensetzung der Bevölkerung verändert sich (Bildungsstand, Migration, Erwerbsquote, etc.)
- intranational (innerhalb Deutschlands) und internationale Mobilität nimmt zu

4. Folgen für das Bildungssystem

- die Bildungsbevölkerung nimmt insgesamt ab
- der Nachwuchs wird knapper
- die Zusammensetzung der Bildungsbevölkerung ändert sich: es gibt mehr Kinder aus bildungsnahen Familien und es gibt mehr Migrantenkinder
- Standorte und Personalentwicklung
- starke regionale Unterschiede in der Entwicklung
- fortschreitende Rationalisierung einfacher Arbeit bei Nachwuchsknappheit
- Stärken der Qualifikations- und Wissensintensität von Arbeit
- Weiterbildungsnachfrage und funktionale Bedeutung von Weiterbildung nimmt zu
- nachberufliche Bildung als Zukunftsaufgabe?

5. Demographischer Wandel (Leas Notizen)

- Demographie meint den Umfang der Bevölkerung
- Wie verteilen sich die Leute auf die drei Sektoren?
    - primärer Sektor (z.B.: Fischerei und Landwirtschaft)
    - sekundärer Sektor (Industrie)
    - tertiärer Sektor (z.B.: Dienstleistungen)
- aktuell arbeiten rund 2/3 im Dienstleistungsbereich, also im tertiären Sektor, der sich in zwei Gebiete aufteilt:
    - einfache Dienstleistungen (Pflegeberufe und Gastronomie z.B.)
    - kapitalintensive Dienstleistungen (z.B.: Bildung und Bereich der Erziehung)
→ die Zukunft in den kapitalintensiven Dienstleistungen
- eine Pluralisierung von Lebensformen findet statt

- Internationalisierung
- Globalisierung
- internationaler Kapitalverkehr
- Internet → führt zu weltweiter Kommunikation und technologischem Wandel
- materialistische und post-materialistische Entwicklung
- Wertewandel → Funktion von Bildung verändert sich
- Bildungssystem: es gibt immer mehr ältere als jüngere Leute, deswegen steigt der
  Sektor der Erwachsenenbildung
- Migration ist ein globales Thema
- die Zusammensetzung der Bevölkerung wirkt sich auf das Bildungssystem aus
- die Bedeutung des Alterns verändert sich/ältere leben immer länger
- gesellschaftlicher Rationalisierungsdruck (alle sollen immer früher mit der Schule
  und der Uni fertig werden z.b.)
- je höher der Qualifikationsgrad der Frauen und Männer desto weniger Kinder haben
  diese (wenn überhaupt Kinder, dann sehr spät)
- je höher der Bildungsstandard desto gesünder der Mensch (weniger Raucher, mehr
  Sport, häufiger zum Arzt zur Vorsorge)

→ Folgen für das Bildungssystem:
- demographische Rendite: ist das, was der Staat kassiert, wenn die
  Bildungsbevölkerung zurückgeht
- wenn es immer weniger Kinder gibt, gibt es auch weniger Schüler und somit auch
  immer weniger Bedarf an Lehrern
- es herrscht Fachkräftemangel
- mehrgliedriges Schulsystem bricht weg, da es nicht mehr genug Schüler gibt
- die nachberufliche Phase wird sehr wichtig werden, da es immer mehr ältere Leute
  gibt
- neue Bildungsformate in der Weiterbildung
- das berufsbegleitende Studium wird boomen (und studieren während der Arbeit)

3. Haupttendenzen der Bildungsentwicklung: Bildungseinrichtungen, Bildungsbeteiligung, Bildungsstand der Bevölkerung im Hinblick auf die Geschichte
1. Frühes Mittelalter
- Entstehung der Dom-, Kloster- und Lateinschulen
- Entstehung der ersten Universitäten (Universität Heidelberg)

2. Spätmittelalter

- erste Entwicklungen eines allgemeinbildenden Schulsystems
- Dom- und Klosterschulen

3. 18. Jahrhundert

- Hinzukommen von Sonntagsschulen
- Einführung der allgemeinen Schulpflicht
- erste technische Hochschulen

4. 19. Jahrhundert

- Gründung des ersten Mädchengymnasiums
- eingeschränktes Erlangen der Hochschulreife für Mädchen möglich
- Entwicklung des dreigliedrigen Schulsystems (niedrig, mittel und hoch)

5. Anfang 20. Jahrhundert

- mehrere Typen des Gymnasiums gleichberechtigt für alle Studien anerkannt

6. Ab 1919

- Regelschule
- gemeinsame Grundschule (bis zur 4. Klasse)
- Schulwesen steht unter Aufsicht des Staates

7. Drittes Reich

- das System blieb weitgehend so erhalten
- Einführung verkürztes Abitur (G8)

8. DDR

- einheitliche 8 klassige Grundschule
- 10 klassige Oberschule
- ganztätige Betreuung in Schulhorten möglich

9. BRD

- Grundsteinlegung der KMK
- weiterführende Schularten: Hauptschule, Realschule, Gymnasium, Fachoberschule
- Entwicklung eines Strukturplans für das Bildungswesen
- bildungspolitische Stagnation

10. Ab 1990

- Integration der neuen Bundesländer
- PISA-Schock

4. Schulsystem und Schulentwicklung

1. Schulentwicklung in Deutschland

Gründe für die Spezialisierung des deutschen Schulsystems:

- wegen PISA:
  - Zusammenhang zwischen sozialer Herkunft und schulischem Erfolg in
    Deutschland
  - Diskussionen nach PISA im Hinblick auf das deutsche Schulsystem:
    Abschaffung der Ungleichheit im Bezug auf die Grundschuldauer, die Länge
    des Abiturs, die Zugangsberechtigung zum Abitur und im Bezug auf das
    mehrgliedrige Schulsystem

2. Schulstruktur in Deutschland: Gemeinsamkeiten und Unterschiede

Gemeinsamkeiten:

- alle Bundesländer haben Grundschulen und Gymnasien
- jedoch gibt es Unterschiede im Hinblick auf folgende Aspekte: die Lehrpläne, die
  Dauer, die Organisation der Oberstufe, die Prüfungen und das Abitur
- alle 16 Bundesländer teilen die Kinder nach der Grundschule in unterschiedliche
  Bildungswege ein

Unterschiede:

- drei- und mehrgliedriges Schulsystem vs. zweigliedriges Schulsystem
- Länge der Grundschulzeit
- Regeln zum Wechseln nach der Grundschule
- Schulformen der Sekundarstufe

3. Übergang von der Grundschule zur Sekundarstufe I

- der Wechsel von der Grundschule auf eine weiterführende Schule erfolgt in
  Deutschland nach der 4. oder 6. Klasse
- Kritik von Seiten der Grundschulpädagogik: drei Jahre sind zu kurz für eine
  gemeinsame Grundbildung
- Wortgutachten in der Grundschulempfehlung sollten mehr zählen als Ziffernzensuren
- es wird unterschieden zwischen:
  - Grundschulempfehlung:
  - die Eltern wählen die Art der weiterführenden Schule
  - Grundschulentscheidung:
  - der Notendurchschnitt entscheidet über die Art der weiterführenden Schule
  - die Möglichkeit der Überprüfung ist gegeben
  - die frühere Selektion nach der Grundschule ist eine Besonderheit des
    deutschen Schulsystems im internationalen Vergleich

4. Schulabschlüsse und ihre Entwicklung

- es gibt einen kontinuierlichen Anstieg höher qualifizierender Abschlüsse (jeder
  zweite Schüler erreicht einen mittleren Schulabschluss, jeder dritte Abitur und
  insgesamt jeder zweite eine Hochschulzugangsberechtigung)
- die Anzahl der Schulabgänger ohne Abschluss geht zurück
- durch eine höhere Durchlässigkeit zwischen den Bildungsgängen sind
  Schulabschlüsse nicht mehr an bestimmte Schularten gebunden
- Hauptschule verliert immer mehr an Bedeutung, die Schülerzahlen sind rückläufig

5. Schulstrukturen in Berlin

- 6 Jahre Grundschule, Möglichkeit ab der 5. Klasse Gymnasium
- Übergang geregelt durch eine schriftliche Förderprognose seitens der Schule und den
  Elternwillen, wohnortunabhängig
- im Schuljahr 2010/2011 gab es tiefgreifende Veränderungen: Abschaffung der
  Hauptschule durch ISS

6. Zukunftsaufgabe: Das Kreieren von inklusiven Schulen in Berlin

Ziel sollte es sein, das gleichberechtigte Lernen von Schülerinnen und Schülern mit
und ohne Behinderungen, mit oder ohne Migrationshintergrund, an
allgemeinbildenden Schulen zu verwirklichen.

5. Institutionen der beruflichen Bildung und Probleme der beruflichen Bildung

**1. Institutionen der beruflichen Bildung/der Ausbildungsmarkt in Deutschland
wird in 3 Sektoren geteilt**

1. Sektor: Schulberufssystem mit Schwerpunkt Dienstleistungsberufe

- Schulberufssystem = Ausbildung für einen gesetzlich anerkannten Beruf in
  vollzeitschulischer Form
- berufliche Grund- und Fachbildung
- Erweiterung der vorher erworbenen allgemeinen Bildung
- Befähigung zu Erfüllung der Aufgaben in:
  - Beruf, Arbeitswelt und Gesellschaft
  - Bereitschaft zur beruflichen Fort- und Weiterbildung wecken

2. Sektor: Duales Ausbildungswesen

- hat weltweit große Anerkennung und ist in Deutschland besonders gut
  ausgebaut
- duales Ausbildungswesen = parallele Ausbildung für einen anerkannten
  Ausbildungsberuf in einem Betrieb und begleitenden Berufsschulunterricht

- keine formalen Eingangsvoraussetzungen
- Kombination aus Lernen und Arbeiten (1-2 Tage in der Berufsschule, 3-4
  Tage im Betrieb)
- effiziente Berufsausbildung mit dem Fokus neues theoretisches Wissen durch
  die praktische Umsetzung im Ausbildungsbetrieb zu festigen

3. Sektor: Übergangssystem

- Übergangssystem = einjährige Bildungsangebote, Berufsvorbereitungsjahr,
  Berufseinstiegsjahr, Berufsgrundbildungsjahr (soll Ausbildungsreife fördern)
  in Vollzeitform
- vermittelt keinen berufsbildenden Abschluss
- verpflichtend für alle Schulabgänger, die keinen Ausbildungsplatz gefunden
  haben und die ihre Pflichtschulzeit noch nicht erreicht haben
- er soll den Übergang in das duale System erleichtern sowie die Möglichkeit
  eröffnen einen allgemeinen bildenden Schulabschluss nachzuholen
- Vorbereitung auf berufliche Ausbildung
- Abschluss des Übergangssystems **kann** positive Auswirkungen auf die
  Berufsausbildung haben, garantiert dies aber nicht – kann auch zu
  „Jugendliche in der Warteschleife" führen
- Gründe für die Expansion dieses Sektors:
  - unzureichende Eignung der Schulabsolventen für die Aufnahme einer
    Berufsausbildung (mangelnde Ausbildungsreife)
  - schwierige Ausbildungsplatzchancen für Hauptschulabsolventen
- das Übergangssystem ist die einzige Alternative zur Vermeidung von
  Beschäftigungslosigkeit

2. Schulformen der beruflichen Bildung

a) Berufsfachschulen

- vollzeitschulische Berufsausbildung von mindestens einjähriger Dauer
  (Hauptschulabschluss oder mittlere Reife wird vorausgesetzt)
- Aufgabe: die Vermittlung allgemeiner und fachlicher Inhalte, die Befähigung
  der SuS einen anerkannten Ausbildungsberuf zu erlangen, die Vermittlung zu
  einem Berufsschulabschluss der nur in Schulen erworben werden kann, etc.

b) Fachoberschule

- ist eine berufsbildende Schule, die auf einem Realschulabschluss oder einem
  als gleichwertig anerkanntem Abschluss aufbaut

- Jahrgangsstufen 11 und 12 (1. Jahr: fachpraktische Ausbildung in Betrieben sowie Unterricht, 2. Jahr: allgemeiner und fachbezogener Unterricht)
- Abschluss der 12. Klasse berechtigt zur Aufnahme eines Studiums jeder Fachrichtung an einer Fachhochschule
- weiterführender Abschluss der 13. Klasse berechtigt sämtliche Universitätsstudiengänge

c) Berufliches Gymnasium

- 3-jähriger vollzeitschulischer Bildungsgang in der Sekundarstufe II mit Schwerpunktsetzung auf berufsbezogener Fächer/nach Berufsfeldern gegliedert (musische, technische, wirtschaftliche Bereiche, etc.)
- im Unterschied zum Gymnasium, hat das berufliche Gymnasium keine Unter- und Mittelstufe (keine Jahrgangsstufen 5-10)
- Ziel: Erwerb des Abiturs oder Weg in die berufliche Ausbildung

d) Berufsoberschule

- berufsbildende Schulform mit Vollzeitunterricht, die eine allgemeine und fachtheoretische Bildung vermittelt und in mindestens 2 Jahren für fachgebundene Hochschulreife führt – wenn eine zweite Fremdsprache vorliegt, kann die allgemeine Hochschulreife erworben werden
- Aufnahmevoraussetzung: abgeschlossene Berufsausbildung oder entsprechende Berufspraxis und Realschulabschluss
- allgemeinbildende Unterrichtsfächer, berufsbezogene Schwerpunktsfächer wie z.B. Ernährungswissenschaften oder Technik

e) Berufsschulen

- sind der Lernort der dualen Ausbildung
- Unterricht erfolgt in Teilzeitform oder als Blockunterricht
- enge Beziehung zur betrieblichen und überbetrieblichen Ausbildung
- Vermittlung allgemeiner und fachlicher Lerninhalte unter Berücksichtigung der Anforderungen der Berufsausbildung

f) Berufsakademie, Fachschule

- berufliche Institutionen – duales Universitätsstudium

3. Probleme der beruflichen Bildung

- Geringqualifizierte scheitern beim Übergang von der Pflichtschulzeit in die Berufsausbildung

- das Übergangssystem leidet unter fehlender Transparenz und ist sehr kostenspielig
- die Berufsberatung für junge Menschen hat stark schwankende Qualität und keine
  zuständigen Beratungsstellen
- einige SuS verlassen die Schule mit unzureichenden Kompetenzen in Lesen,
  Schreiben und Rechnen

6. Weiterbildung und Weiterbildungsentwicklung in Deutschland

1. Was ist Weiterbildung (WB)?

- die Weiterbildung ist eine eigenständige Säule im Bildungsbereich
- die Weiterbildung ist die Fortsetzung oder Wiederaufnahme organisierten Lernens
  nach Abschluss einer unterschiedlich ausgedehnten Bildungsphase
- Weiterbildung ist non-formelle Bildung (sie ist nicht in den nationalen
  Qualifikationsrahmen eingebunden)
- Informelle Bildung: Lernen durch Bücher, Verwandte, Kollegen, Arbeitsplatz etc.
  (nicht strukturiert)

2. Weiterbildungsbeteiligung

- Arten der Weiterbildung:

  - **betriebliche Weiterbildung:**
    Aktivitäten, die während der Arbeitszeit oder einer bezahlten Freistellung
    stattfinden oder für die der Arbeitgeber die Kosten übernimmt (ca. 35%)
    (z.B.: die Lehrgänge vom Arbeitgeber)
  - **individuelle berufsbezogene Weiterbildung:**
    umfasst alle nicht-betrieblichen Weiterbildungsaktivitäten, die aus beruflichen
    Gründen erfolgen (13%) (werden nicht vom Betrieb bezahlt)
  - **nicht-berufsbezogene Weiterbildung:**
    Aktivitäten der nicht-betrieblichen Weiterbildung aus privaten Gründen (9%)
    (z.B.: Sportkurse, die ich für mich selber mache)

- Zeit für Weiterbildung:
  - der überwiegende Teil der Weiterbildungsaktivitäten ist von kurzer Dauer
    (ca. 75% in einem Zeitraum von nur einigen Stunden oder mehreren Tagen)

- Weiterbildungstrends in verschiedenen Bevölkerungsgruppen:

  1. Erwerbsstatus und berufsbezogene Merkmale:
  (mehr Erwerbstätige machen eine Weiterbildung als Arbeitslose, Beamten
  machen am Häufigsten eine Weiterbildung, je höher das Einkommen desto
  mehr Weiterbildung)

2. Bildungshintergrund:

(steigende Tendenz der Weiterbildung mit steigendem Schul-
/Ausbildungsgrad)

3. Geschlecht:

(persé gibt es keinen Unterschied, vllt etwas mehr Männer als Frauen)

4. Alter:

(konstante Weiterbildung in allen Altersstufen)

5. Migrationshintergrund:

(mehr Deutsche als Ausländer, Migranten die nicht erwerbstätig sind machen
weniger Weiterbildung)

3. Strukturen der Weiterbildung

- Anbieter auf dem Markt der Weiterbildung:

- keine Dominanz des Staates, sondern Trägervielfalt (öffentliche Träger
(Bund, Länder, Kommune))

4. Nutzen der Weiterbildung

- bei 94% der Weiterbildungsaktivitäten waren die Teilnehmer zufrieden

7. Migration/soziale Ungleichheiten und Bildung

1. Definition

Der Begriff „Migration" stammt aus dem Lateinischen und bedeutet „Wanderung".
Gemeint ist die Wanderung von einem Ort in einem anderen Ort. Es ist wichtig den
Begriff Migration nicht mit der „Emigration", der Auswanderung, oder der
„Immigration", der Einwanderung zu verwechseln. Ein solcher Wechsel des
Wohnortes bringt sowohl soziale als auch geografische Veränderungen mit sich. Aus
diesem Grund ist die Anpassung an die neue Umgebung ein wesentlicher Aspekt.
Dazu gehört unter Anderem z.B. das Erlernen einer neuen Sprache, das Respektieren
von Traditionen und der Kultur des jeweiligen Landes sowie die Aufgeschlossenheit
neuen Dingen gegenüber.

2. Die Benachteiligung von Kindern mit Migrationshintergrund im Hinblick auf das Bildungssystem in Deutschland

Die Benachteiligung von Kindern mit Migrationshintergrund stellt ein großes Problem
im deutschen Bildungssystem dar. Man könnte sogar von einer Art der
Diskriminierung sprechen. Deshalb ist es unabdingbar das sich vor allem die Lehrer
dieser Problematik stellen, für Chancengleichheit sorgen und dem pädagogischem
Handeln große Aufmerksamkeit schenken. Der Umgang mit sprachlicher, ethnischer,

kultureller und religiöser Vielfalt ist angesichts der zunehmenden Internationalisierung, Globalisierung und Migration zu einer dauerhaften Herausforderung im Hinblick auf die soziale Inklusion in modernen Gesellschaften geworden und fordert unsere Bildungsinstitutionen heraus. Die Ergebnisse international vergleichenden Schulleistungsstudien belegen die Benachteiligung von Migrantenkindern in unterschiedlichen Segmenten des Schulsystems. Die Zahl der in Deutschland lebender Einwanderer steigt, von denen der Großteil türkischer Abstammung ist. Mehr als 1/3 der unter 5-jährigen Kinder die in Deutschland leben haben einen Migrationshintergrund. Die Zahl der Jugendlichen mit Migrationshintergrund und ohne Schulabschluss ist mehr als doppelt so hoch im Vergleich zu den deutschen Schülern. Die jugendlichen Migranten haben häufig mit Ablehnung und Vorurteilen zu kämpfen – vor allem bei dem Versuch einen Ausbildungsvertrag zu erhalten. 2010 hatten ungefähr 1/3 der Migranten zwischen 25 und 35 weder einen Berufs- noch einen Hochschulabschluss. Es gibt Studien die belegen, dass Jugendliche nicht deutscher Herkunft deutlich geringere Chancen auf ein Vorstellungsgespräch und somit auf einen zukünftigen Ausbildungsplatz haben als deutsche Jugendliche. Auch wenn die Qualifikationen der deutschen und der ausländischen Bewerbern nicht unterschiedlich waren sank die Chance auf eine Einladung zu einem Bewerbungsgespräch für die türkischen Bewerber deutlich. Die potenzielle Leistung eines Schülers oder Auszubildenden mit Migrationshintergrund wird häufig unterschätzt. Verzögerte Bildungswege liegen nicht nur an mangelnden Sprachkenntnissen der Kinder, vielmehr seien ihre Eltern nicht über das komplizierte Bildungssystem informiert und sehen sich mit Vorurteilen von Schule und Behörden konfrontiert. Auch wissen sie nicht, wie sie ihre Kinder zuhause schulisch fördern können. Jedoch teilen alle Wanderer einen Wunsch: der Wunsch und das Ziel einer hohen Bildung ihrer Kinder. Sie wünschen sich ein besseres Leben und ein höheres Bildungsniveau als jenes welches sie als Eltern selber besitzen.

Ein weiterer wichtiger Aspekt ist die Mehrsprachlichkeit, welche eigentlich ein großes „Plus" im Hinblick auf die Schullaufbahn oder die Berufswelt sein sollte. Die Kinder und Jugendliche mit Migrationshintergrund leben in Deutschland mit diesem wertvollem Gut – ihrer Mehrsprachlichkeit. Sie bringen ihre Muttersprache mit und erlernen deutsch in der Schule, jedoch sehen viele Migranten ihre Zukunft eher als

Problem statt als Chance. Sie haben ihre Problemperspektive verinnerlicht und wollen beispielsweise selbst ihre Kinder nicht auf Schulen mit einem hohen Anteil von Schülern mit Migrationshintergrund schicken. Die Sprache stellt trotz des Vorteils der Mehrsprachlichkeit häufig ein Problem dar, da in vielen Familien Zuhause ausschließlich in der Muttersprache und niemals in deutsch gesprochen wird. Oft können die Eltern der Migrantenkindern auch gar kein oder nur sehr wenig deutsch. Die Förderung der deutschen Sprache muss jedoch möglichst früh beginnen wozu Sprachstandstests und gezielte Sprachförderung rechtzeitig vor der Einschulung stattfinden sollen. Ebenso müssen die Schulen besser auf SuS aus Zuwandererfamilien vorbereitet werden. Sprachförderung muss in jedem Fach und in jeder Unterrichtsstunde stattfinden. Die Lehrer müssen entsprechend qualifiziert werden und wir brauchen mehr Lehrkräfte, die eigene Migrationserfahrung mitbringen.

Beispiel einer Vorgehensweise in einer Grundschule: Akademiker-Kinder gehen Stufe für Stufe hoch zum Gymnasium, Kinder mit Migrationshintergrund würden lediglich versuchen hochzuspringen – quasi unmöglich. Man wird als Migrant generell unterschätzt, dabei sind Migranten nicht weniger intelligent oder fortschrittlich.

Die Realität in Deutschland sieht folgendermaßen aus: ein Großteil der Deutschen sieht die Türken als ein großes Problem an. Mit dem Thema Integration verbinden viele Deutsche in erster Linie eine scheinbar ewig dauernde politische Debatte ohne greifbare Ergebnisse. Schulen, die als Problemschulen bezeichnet werden, sind vor allem die mit einem hohen Ausländeranteil (in Deutschland vor allem Türken). Diese sehr einseitige Einstellung verhindert häufig die Wahrnehmung des Positiven und die Erfolgsgeschichten der türkischen Deutschen und ihre Bereicherung für das Land werden nicht gesehen oder anerkannt. In Kultur, Politik, Wirtschaft und Sport haben die Kinder der Gastarbeiter ihre Spuren hinterlassen. Sie haben die Deutschen gezwungen über den Tellerrand zu schauen. Nichtsdestotrotz besteht in Deutschland viel „Nachhilfebedarf" im Hinblick auf eine erfolgreiche Integration der Migranten. Deutschland kann nicht mit und nicht ohne seine Migranten leben. In den Schulen und Ausbildungsunternehmen sollten den Kindern und Jugendlichen mit Migrationshintergrund keine Steine in den Weg gestellt werden, sondern Türen geöffnet werden, sodass sie ihre Talente und Fähigkeiten ausbauen können und sich in Deutschland zuhause fühlen können. Vor allem die Lehrer an deutschen Schulen müssen stärker auf die Bedürfnisse der Migranten eingehen, sie unterstützen und ihnen ein Gefühl der bedingungslosen Akzeptanz entgegenbringen. Außerdem muss nicht nur den Eltern der Migrantenkindern geholfen werden das deutsche Schulsystem zu verstehen, sondern auch den Eltern der deutschen Kinder und Jugendlichen die Vorurteile gegenüber den Migranten abzubauen. Ziel ist es den deutschen Familien die Angst und Besorgnis zu nehmen ihre Kinder auf Schulen mit hohem Migrationsanteil zu schicken. Diese Möglichkeit sollte als Chance für beide „Parteien" angesehen werden – eine Möglichkeit, die einerseits deutsche Kinder von der Mehrsprachlichkeit der Kinder und Jugendlichen mit Migrationshintergrund profitieren lässt und andererseits gleichzeitig den Schülern mit Migrationshintergrund gibt die deutsche Sprache durch den regelmäßigen Kontakt mit den deutschen Kindern zu verbessern. Gerade in Berlin gibt es in einigen Bezirken zahlreiche sogenannte Problemschulen in denen fast ausschließlich Schüler mit Migrationshintergrund sind, wohingegen das dem entgegengesetzte Extrem Schulen sind in denen fast nur deutsche Schüler sind – die Trennung muss aufgelöst werden um eine erfolgreiche Integration der Kinder und Jugendliche zu gewährleisten.